성경소설
아 사 셀

송명희 성경소설 아사셀

· 초판 1쇄 발행 2009년 9월 20일

· 지은이 송명희
· 그린이 김경호
· 펴낸이 민 상 기 · 편집장 이 숙 희 · 펴낸곳 도서출판 드림북
· 등록번호 제 65 호 · 등록일자 2002. 11. 25.
· 경기도 의정부시 가능1동 639-2(1층) · Tel (031)829-7722, Fax(031)829-7723

· 책번호 40 · ISBN 978-89-92143-30-1 03230
· 잘못된 책은 교환해 드립니다.
· 이 출판물은 저작권법에 의해 보호를 받는 저작물이므로 무단 복제할 수 없습니다.
· 독자의 의견을 기다립니다.
· www.dreambook21.co.kr

도서출판 드림북은 오직 하나님께 드리는 책,
또한 세상의 모든 그리스도인들에게 꿈을 줄 수 있는 책
그러한 책세상을 꿈꾸며 만들어 가겠습니다.

송명희 성경소설

아사셀

드림북

아사셀을 위하여 제비 뽑은 염소는 산대로 여호와 앞에 두었다가 그것으로 속죄하고 아사셀을 위하여 광야로 보낼지니라(레위기 16장10절)

등장인물

모세(구십대의 노인이나 활력이 넘치며 온화한 대인)
루시아(젊고 명랑한 흑인 여성).
십보라(거칠고 냉담한 팔십대의 할머니)
엘르아살(아론의 아들로 따뜻한 인상의 사람).
라이(엘르아살 아내로 밝고 아름다움을 추구하는 여인)
빌랏(고라의 아들로 도도한 바람둥이).
아론(모세를 시기하는 이중 인격자).
미리암(다혈적인 할머니)
게르솜(모세의 아들로써 해설자 역할).
웃스(보통 노인).
고라(교활한 사람) 등 백성

01 (무리)
버림받은 아사셀

새 날이 밝아 왔습니다
사막의 새벽바람은 유난히도 차갑습니다

동이 트고 따가운 햇살 기온이 느껴 오기 시작할 때
백성을 모으는 집합 나팔 소리가 울려 퍼지며
백성은 저마다의 장막에서 나와
성막을 중심으로 모입니다
모세와 아론은 예복을 차려 입고
두 마리의 염소를 끌고 나옵니다

모세는 두 마리 염소 중 하나는 번제로 드리는데
제물에 불을 놓자 갑자기 불길이 위로 솟아 오릅니다
모세와 제사장들과 장로들이
남은 한 마리의 염소 머리 위에 손을 얹고 외칩니다

"주 여호와여! 우리의 모든 죄를 이 염소에게 지웁니다!
아사셀이여! 가거라! 우리 죄를 다 짊어지고 하나님이
보내시는 곳으로 가거라!"

백성은 화답하며 감격스레 손을 들고 찬양을 드립니다

"오! 우리의 더러운 죄를 불사르시고
우리의 사악한 죄를 우리에게서 멀리 떠나게 하시네.
우리가 받을 형벌과 저주를 받은 아사셀을 주님께로
보냅니다. 이 제물을 받으소서!"

처량하게 울어대는 아사셀을 아론이 멍에를 풀고
등을 쓸어 주며 광야로 보냅니다
쓸쓸히 사막 바람을 가르며 정처 없이 떠나가는 아사셀의
뒷모습을 보며 미리암과 여인네들은 눈시울을 씻으면서
슬픈 노래를 부릅니다

"잘못은 우리가 저지르고 괜한 네가 욕을 보는구나,
아! 불쌍한 아사셀! 얼마나 목마를까…
아! 가여운 아사셀! 낮에는 더워서 허기지고

밤에는 추위에 지치겠지….
그러다가 온갖 고통에 시달리며 죽어 갈 거야.
차라리 단번에 죽어 버리면 고통이 덜 할 텐데…
이제 모든 이의 버림받은 아사셀아! 너는 이제 어디로 가나
악령에 이끌리어 맹수들의 밥이 될까
하나님도 너를 버리신 제물

우리의 모든 죄를 지고 가는 아사셀을 보라
보라! 우리 죄를 지고 가는 제물이로다
아사셀은 어디로 가나
버림받은 아사셀은 어디로… 어디로 가는가!"

아사셀은 회오리바람 속으로 사라지고
모든 행사를 마친 나팔 소리가
또 다시 울려 퍼집니다

02 (모세) 가슴이 답답하네

나는 이집트 왕자의 영광을 누렸었지…
그러나 하루아침의 영광이었어.
이스라엘 백성을 지도해야 하는 먹구름이
나를 둘러 싼 게야
나는 나이 팔십이 다 되어 호렙 산에서
위대하신 분을 만났지
스스로 계신 하나님, 모든 피조물의 창조주를 만난 거야
그리고 그분의 강한 힘으로 이집트에서
열 가지 재앙을 행해
이스라엘 백성을 그 기나긴 노예 생활에서 끌고 나왔지

그 땐 정말 바로가 우릴 놔주질 않았어
그러더니 바로가 우릴 가라고 막판에 보내더니만
바로는 또 다시 마음이 변해 우리를 붙잡으러 뒤쫓아
홍해까지 따라왔고
이스라엘 백성은 날 원망했지

"우릴 여기서 죽이려고 그래? 바다에 몰살시키려고 끌고 온 거냐?"

난 그 때 숨고 싶었어, 죽고 싶었지…
그 망할 놈의 바로가 끈질기게 따라 붙어서
우린 앞으로도, 뒤로도 갈수 없었어.
그래, 난 가슴이 답답해 오고 다리가 떨려 와서
꼼짝 못하고 기도했지
하나님은 그 때 바다 한 가운데를 갈라서 길을 내셨다
나와 백성들은 아주 당당하게 홍해를 건너갔고
그 망할 놈의 바로는 끝내 승복하지 못하고
그 군대를 바다에 빠트려 망했지

그런 놀라운 표적을 보고도 이스라엘 백성은 나와 하나

님을 원망했다
목마르면 반석에서 물을 주고 배고프면 만나를 먹였건만
그 철없는 것들은 하나님을 시험하고
날 원망해서 그럴 때마다 난 가슴이 답답했지
하나님께선 그 사람들에게 많은 명령과 율법을 주셨지만
그들은 그런 하나님의 뜻을 감당키가 힘들어
난 그 사이에 끼어서 더 가슴이 답답했다

잠시 잠깐이라도 답답함을 털어 버리려고
가정을 찾았는데…
아내 십보라는 너무나 난폭한 여자야
목자 장 이드로의 딸로써 너무 거칠고 여자답지 않았지만
그녀를 만났을 때 나는 외로웠고
그녀는 수더분해서 좋았는데…
결혼하고 두 아들을 낳고,
내가 하나님을 만난 후 그녀는 나를 서서히
멀리 하더니만
두 아들의 할례를 직접 행한다면서
끔찍하게 돌을 쳐들었지

그 때부터 오만 정이 딱 떨어져서
우리 부부 사이는 골이 깊어가고
십보라만 보면 더 가슴이 답답해
난 십보라를 나도 모르게 무시하게 되고…

난 쉼터가 필요하네
자상스런 여인의 손길이 그리워

누구와도 이런 얘기 못하지
이런 문제 말고도 큰 문제가 너무 많은데…
내 속을 누가 알아, 하나님만 아실까?
아이구! 한숨만 나오네
가슴이 너무 답답하네, 답답해
누가 내 속을 풀어 주나

03 (십보라)
사랑이 뭐야

사랑이 뭐야
그저 먹이고 입히는 거지
그게 다지
늘 없는 것 같아도 옆에 있어 주는 거지

사랑이 뭐야
말하지 않아도 마음을 알고
뜨거운 가슴으로 안지 않아도
의지하는 힘이지

사랑이 뭐야
말보다 행동
감정보다 믿음이지

나는 모세를 남편으로 주신 하나님께 감사하며
그를 자랑스러워했는데
언제부터인가 나는 남편을 잃었어
하나님과 사람들에게 남편은 가버렸어
나는 그래도 좋아했어
그런데 어느 날 하나님의 사자가 나타나
남편과 두 아들을 삼키려고 하시길래
나는 빨리 손에 돌을 들었어

사랑이 뭐야
내가 그를 대신 해 죽는 거지
내가 대신해 죽진 못해도
그를 위기에서 구하는 거지
그를 위해서 두 아들 양피를
내가 손수 잘랐지

사랑이 뭐야
그는 나를 떠나가도
나는 그를 떠나지 않는 게지

그러나 그는 내 마음 알지 못해
침묵하는 외면과
차가운 그의 얼굴을 볼 때면
나는 그를 붙잡고 원망하고 싶었지
그래도 나는 그냥 살았어

사랑이 뭐야
그냥 바라보는 것인 줄 알았어
그냥 참고 견디는 건 줄 알았어
그런데
내 마음에는 아픔만 사무쳐

쌓이는 한이 사랑인가
험한 내 손처럼 무딘 내 마음 속 깊은 설움이
그를 위한 사랑인가

04 (아론)
형 같은 동생

모세는 형 같은 동생
내가 그보다 나이도 세 살이나 많고
어릴 때는 녀석을 내가 당당한 형이 되어 보살폈건만…
내가 그보다 못한 것이 없거늘
하나님의 말씀을 받았다며 나타난 모세는
형 같은 동생이 되어
나는 그를 하나님처럼 받들어 모시는 신세

어린 시절은 이집트의 왕자처럼 모시고
이제는 하나님처럼 우러러 보며
모세가 시키는 대로 말하고

모세가 세워서 제사장도 되어
다들 동생 잘 뒀다고, 동생 덕을 톡톡히 본다지만
나는 그의 종이 되었고
나는 그의 꼭두각시
그는 나의 그늘이 되었으나

이제 나에게도 때가 오리라
그를 이기고 그가 꼼짝 못하게 하리라
그 날을 위해 참으리라
그 때를 위해 잠잠하리라

내가 받은 대로 주리라
내가 그의 형이라는 것을
만민이 알게 하리라

형만 한 아우 있느냐
형보다 잘 난 동생 없음을 알게 하리라

05 (라이) 거울로만 보는 나

세상은 아름다워서 내 눈으로 보길 원해
땅도, 바다도, 저 파란 하늘도
눈부시게 아름다운데 나는 그런 세상 못 보네

아으! 난 그런 세상을 꿈꾸고 이집트를 나왔는데
사막 모래바람이 난 싫어
우리 남편 엘르아살은 날 너무 몰라요

내 웃는 모습에 반했다고 그래놓고
내 웃음을 가져간 사람

내 곱던 피부는 사막의 거친 들처럼
깔깔해서 내 손으로 내 얼굴을 만지기도 싫어

그래도 조금만 가꾸면 옛날의 내 모습 찾을 거야
아으! 부드러운 올리브에 알몸을 적시고
향기로운 몰약 액에 손끝을 찍어 이곳저곳에 바르고
품질 좋은 포도주 한 잔을 마시면
아이! 천국에 온 듯 기분이 좋아서
한 마리의 새처럼, 나비처럼
세상을 가볍게 나는 듯 할 거야

오! 나의 길고도 검은머리
황금 핀으로 묶으면 얼마나 아름다울까, 음!
순백의 얇은 스카프를 걸치면
검은 밤에 뿌연 안개 속 달빛처럼 신비로울 거야

으이! 그러나 시아버님은 거룩한 제사장이고
우리 남편은 그의 후계자라서
난 내가 원하는 건 한 가지도 얻지 못하면서도
거룩한 시아버님과 남편을 모셔야 하다니…

이렇게 살고 싶진 않았어
아! 언제까지 이렇게 살아야 하나
남편과 한번 맘대로 떠나고 싶어
거울로만 보는 내 모습
곱고 빛난들 무슨 소용 있나

06 (엘르아살) 공주를 꿈꾸는 아내

작은 아버지와 아버지를 따라서
멀고도 험한 길을 나 걸었네
아무 말 없이 방황하는 나그네가 되었네

낮에는 구름이 가면 나도 가고
구름이 서면 나도 서는 구름 따라 사는 인생이 되었네

밤에는 불기둥이 가면 나도 가고
불기둥이 서면 나도 서는
불을 쫓아 가는 불나방이 되었네

나의 사랑하는 라이는 나를 만나서 슬퍼하네
라이의 깔깔거리던 웃음은 사라져가네

나의 아름다운 라이는 너무나 고운 나의 공주였네
그처럼 매혹적인 눈이 없었고
그처럼 청아한 음성은 사라져 가네
새 소리보다 더 고운 라이의 노래가 내 가슴을 녹아놓고
꽃송이보다 더 아름다운 라이가 내 눈을 멀게 하였네
라이가 지친 내 어깨를 만지면 쌓인 피로가 다 달아나고
라이가 나를 위해 자장가를 불러주면 불안한 내 마음에
평안이 깃들어 나를 달콤한 꿈의 세계로 인도하네

라이는 나의 공주
라이는 나의 천사

그런 라이를 내가 버려 놓았네
공주를 꿈꾸는 나의 아내 라이여
조금만 기다리면
이 험한 길도 멈추고
꽃이 가득하고 물이 흐르는 동산에 가면

젖과 꿀이 흐르는 가나안 땅에서
나는 라이를 위해 아담한 집을 짓고
나 그대를 공주로 만들어 주리
나는 언제나 당신의 종이 되리라

라이의 몸을 맑은 물로 씻어 주기도 하고
라이의 머리도 내가 감겨서 빗겨 주고
라이의 발에 입 맞추며 기뻐하리

나의 사랑스런 아내 라이에게
나 잃었던 웃음과, 노래와, 희망을 안겨 주리

라이는 나의 공주
라이는 나의 천사

07 (미리암)
자랑스런 우리 동생

모세는 자랑스런 우리 동생이라오
내가 그 아이를 바로의 딸이 목욕하는
강가로 흘러가게 했다오
어머니는 동생을 갈대 상자에 넣어 강에 띄우고 우셨다오
그리고 나더러 갈대 상자가 어디로 가나
따라 가 보라고 하셔서…
우리 동생의 갈대 상자를 이집트 공주가 보고
우렁차게 우는 우리 동생을 안고 좋아했다오
그래서 내가 말했다오

"공주님! 젖먹일 유모가 필요하세요?"
"오! 그래! 그렇구나!"

나는 어머니와 함께 우리 동생 모세를 키웠다오
물에서 건진 아이 모세를
동생이면서도 왕자님처럼…

우리 자랑스런 동생 모세는 이집트 왕자로 컸고
우리 민족의 위대한 지도자로 세워져
이스라엘의 수많은 백성을 이집트에서 구했다오
우리 자랑스런 동생은
하나님의 위대한 종이 되어
놀라운 일을 행하였다오
그럴 때마다 나는 우리 동생을 아주 자랑스러워했다오
오! 자랑스런 우리 동생
모든 일에 능력 있고
모든 사람에게 친절하며
모든 것에 완전한
자랑스런 우리 동생

08 (모세)
하나님이 보내주신 딸 루시아야

하나님이 보내주신 딸 루시아야
너를 처음 보았을 때
너는 작고 가녀린 소녀로
바위틈에 숨어 나의 눈을 피했지만
그 강렬한 눈빛이 내 시선을 사로 잡았다

하나님이 보내주신 딸 루시아야
내가 너를 보며 측은하여 너를 보살펴 주려고 했는데
그만 정이 들고 말았구나

하나님이 보내주신 딸 루시아야
너를 보며 사람들은 구스 여자라고
천박하게 생각하고
너를 멸시 천대하며 구박하나
나는 너를 사랑하게 되었구나

하나님이 보내주신 딸 루시아야
너는 비단으로 꾸미지 않아도
수줍은 미소가 뛰어나고
거무스름한 피부에서 뿜어내는 부드러운 빛이
생각보다 곱더구나

하나님이 보내주신 딸 루시아야
너의 곱슬머리와 두툼한 입술을 보며
아이들은 흉보고 트집 잡지만
나는 그런 너의 모습이 좋기만 하더구나

하나님이 보내주신 딸 루시아야
너를 안고 있으면 나의 시름이
잠시나마 달래지고

너의 찬양을 들으면
나의 답답한 가슴이 시원해지는구나

하나님이 보내주신 딸 루시아야
너의 무릎에서 잠이 들면

내 영혼이 평온해 지고
내 마음이 쉼을 얻는구나

하나님이 보내주신 딸 루시아야
과연 너는 하나님이 보내주신 딸이었구나
너를 위로하려 했으나
네가 나를 위로하고
내가 너를 보살피려 했으나
네가 나를 돌보는구나

09 (루시아)
아버지 같은 모세님

저는 어려서 세상을 아직 잘 모르지만
모세님은 참 좋은 분이셔요
그분은 많은 말씀을 안 하셔도
늘 한결같은 마음과 겸손하신 모습으로
모든 사람을 만나 주시는데 저 같은 계집애한테도
따뜻한 마음을 주셨지요

저는 이스라엘 백성에게 잡힌 구스 처녀애랍니다
그래서 이스라엘 사람들은 "어이! 깜둥아!" 놀려대며
저를 괴롭혔는데

그때 마주 오시던 모세님이 저를 보시면서 말씀하셨어요

"멈추거라! 너희도 이집트에서 노예로 고생하지 않았느냐! 이 아이도 우리와 똑같은 사람이니 풀어 주거라!"

저는 너무 무서워 바위 뒤로 숨어 모세님을 보는데
모세님은 가시던 걸음을 멈추시더니

"애야! 아가야! 내 곁으로 오너라!"

말씀하셔서 저는 그때부터 모세님 옆에 있으면서
그분을 모셨지요
처음엔 무척이나 조심스러워 숨도 편하게 쉬질
못했지만 제가 물을 떠 드렸더니

"아가! 고맙구나! 그렇잖아도 목이 타서 물을 찾은 참인데…"

하시면서 물 한 그릇을 아주 맛있게 드시더군요

저는 너무 좋아서 메마른 사막 가시 덤 풀 사이의
열매를 따 모았어요
그러다가 캄캄해져서 모세님 거처를 힘들게
찾아갔는데 모세님이 저를 보시더니
큰 소리로

"애야! 어딜 갔다 온 게냐! 저녁이 다 되고 곧 떠날 때인데 네가 없어서 놀라지 않았느냐!"

저는 울면서 따 모아온 열매를 보여 드리면서 말했지요

"이걸 드리려구요. 잘못했습니다!"

모세님은 멍하니 저를 보시더니
저에게 다가와 저를 껴안아 주셨어요

"아가야! 울지 말거라! 너를 걱정했단다!"

그분 품은 너무나 포근했어요. 마치 아버지 품처럼요

그런 뒤로 그분 곁을 떠난 적이 없었지요.
그리고 그분과 더 가까워졌지요
아버지와 딸처럼 저는 그분의 모든 시중을 다 들었지요. 그분의 옷을 빨고 그러다가 겉옷이 낡은 것을 보고 겉옷을 짜서 만들어 드렸더니 그분은 참 좋아하셨지요
어느 날인가 그분이 피곤해 하셔서 슬쩍 말을 했지요

"저어! 제가 좀 어깨를 만져 드리면 어떨까요?"
"그래라!"

그래서 그분 어깨를 천천히 주물렀어요. 거룩하신 그분 어깨를요

"아이구! 좋구나! 네 손이 약이다! 아가 루시아야! 날 이제 아버지라고 불러라!"
"어떻게요, 감히…."
"너무 어려워하지 말고…나는 딸이 없고 넌 부모가 없잖느냐?"
"네! 아버지…"
"그래, 좋구나! 아버지라고! 넌 이제부터 내 딸이다! 아

이구! 우리 딸 무릎 좀 베자!"

아버지는 내 무릎을 베고 슬며시 주무셨어요. 그 모습이 너무나 지쳐 보였고 하얀 머리카락과 하얀 눈썹, 하얀 수염이 너무 보드라워 보여서 나도 모르게 아버지 수염을 가만히 만졌어요. 그 길고도 풍성한 수염이 참 예뻤지요
아버지는 슬며시 눈을 뜨셔서 저는 놀라 손을 감추고 보니 아버지가 내 손을 잡으시며

"괜찮다! 손이 부드럽구나!"

저는 수줍은 웃음을 지었더니 아버지는 저를 보시며 크게 웃으셨습니다

저는 아버지가 참 좋아서 아버지가 원하시는 건 다 하고 싶었어요. 그렇게 몇 년이 지났는데 아버지는 나의 찬양 소리를 가장 좋아하셔서 제 입에는 늘 하나님을 찬양하는 노래가 있었지요
그런데 어머니가 아버지께 말씀하셨어요

"저 아이도 이젠 시집을 보내야죠!"
"그래야 하는데… 누구한테 보내누!"

저는 그 소리를 듣고 놀라서 소리쳤어요

"아니요! 난 시집 안 가요! 난 아버지를 떠날 수 없어요!"

아버지는 침묵하시고 어머니는 놀라셨어요

"아니! 왜? 나이도 많고… 너도 짝을 찾아야지… 혹시 여기서 공주처럼 살아서 그러냐?"
"당신! 무슨 말을 그렇게 해!"
"이상하잖아요? 왜 당신 곁에만 있겠다는 건지… 당신도 이상해요. 저런 아이를 감싸고 돌다니… "

저는 아버지를 보기만 해도 좋아요. 그런 아버지를 떠난다는 것은 죽음뿐이죠. 그래서 아버지를 붙잡고 흐느껴 울었어요. 그러자 아버지는 저를 안고 달래 주셨지요

"그래, 나하고 살자꾸나! 우리 나가자꾸나!"
아버지는 저를 데리고 밖으로 나가셨고 어머니는 우리 등 뒤에서 외치셨습니다

"당신! 이게 무슨 짓이야! 여보!"

아버지는 틈나는 대로 저에게 말씀하셨지요

"너는 내 딸이다! 내가 널 사랑하지만 너는 좋은 사람을 만날 수 있다면 내 품을 떠나야 한다! 너를 내 옆에서 늙힐 순 없다! 하나님이 나에게 너를 보내 주셨지만 너를 떠나게 하실 때도 있을 게다. 너는 그동안 날 기쁘게 해 주었다! 이제 너도 행복해야지…"

제 행복은 아버지 곁에서 사는 거라고 몇 번이나 말했지만 아버지는 계속 저를 설득하려고만 하셨지요

그래서 저는 굳은 결심을 했습니다. 고요한 밤, 아버지가 주무시는 방에 들어가 옷을 벗고 아버지 품속으로 들어가 버렸어요

아버지는 잠이 깨서 놀라고 흥분되어 저를 붙잡고 말씀
하셨지요

"루시아야! 이러지 마라! 이래선 안 된다!"

저는 아버지 얼굴을 두 손으로 잡고 입을 맞추고
아버지와 밤을 보냈어요

아버지는 다음 날 아침에 백성 앞에서 저를 공식적인
사랑하는 사람으로 밝히셨어요
아버지와 저는 연인이 된 거예요

10 (십보라) 생각 같아선

생각 같아선, 생각 같아선
루시아와 모세를 죽이고 싶어
그들을 모두 죽이고 나도 죽어 버리면…

생각 같아선
루시아의 뺨이라도 때리고
머리털을 다 뽑아놓고 옷을 갈기갈기 다 찢어서 벗겨놓고
사람들 앞에서 침을 뱉고 치욕을 보였으면
속이라도 다 시원하겠어

아버지는 잠이 깨서 놀라고 흥분되어 저를 붙잡고 말씀
하셨지요

"루시아야! 이러지 마라! 이래선 안 된다!"

저는 아버지 얼굴을 두 손으로 잡고 입을 맞추고
아버지와 밤을 보냈어요

아버지는 다음 날 아침에 백성 앞에서 저를 공식적인
사랑하는 사람으로 밝히셨어요
아버지와 저는 연인이 된 거예요

10 (십보라) 생각 같아선

생각 같아선, 생각 같아선
루시아와 모세를 죽이고 싶어
그들을 모두 죽이고 나도 죽어 버리면…

생각 같아선
루시아의 뺨이라도 때리고
머리털을 다 뽑아놓고 옷을 갈기갈기 다 찢어서 벗겨놓고
사람들 앞에서 침을 뱉고 치욕을 보였으면
속이라도 다 시원하겠어

생각 같아선
모세의 가슴을 손톱으로 피가 나도록 쥐어뜯고
그들을 몽둥이로 패 주면 이 분한 마음이 가셔질까?
못된 계집애
망할 놈의 노인네

생각 같아선
그들을 향해 온갖 저주를 퍼붓고
욕이라도 실컷 해 주고 어디론가 가고 싶어

생각 같아선, 생각 같아선…
그러나 생각대로 하면 뭐해
생각대로 한들 무슨 소용 있나

루시아를 딸이라며 늘 둘이 다닐 때부터
생각 같아선
루시아를 남 모르게 떠나 보내고 싶었어
그러나 생각대로 하면
모세가 외로워 할 것 같았어

루시아는 모세의 작은 새 였고
그의 꽃이었지

그 애는 내가 불러주지 못하는 노래를 불러주고
모세의 마음 한쪽을 채워줬지
모세에게 웃음을 주는 그 애가 난 싫었지만
그냥 그 곁에 두었더니 배신감과 부끄러운 꼴로 남는구나

나는 증오하는 마음이
온 몸을 불사를 만큼 뜨겁고
괴롭고 서러워 밤마다 잠 못 이뤘지

생각 같아선
통곡이라도 하고 싶은데
눈물도 안 나오고
아무 말도 하고 싶지 않아

나 그냥 이대로 있으리
나 그냥 이대로 살리라

나는 나무처럼 살리라
나는 돌처럼 살리라

11
(고라)
입맛이 돌고 살맛이 납니다

원수의 성을 무너지게 하시고
원수를 부끄럽게 하시니
왠 은혜입니까
왠 축복입니까

모세는 나의 원수였고
모세는 나의 가시였는데
이제야 내 한을 풀어 주시는군요

모세는 내가 말 할 때마다
나를 무시하더니
그가 이렇게 망신당하는
광경을 보게 해 주셔서
감사합니다

이제야 입맛이 돌고
이제야 살맛이 납니다

춤이 절로 나며
흥이 절로 솟습니다

12 (라이)
절망의 늪에 빠진 내 영혼

내 영혼은 절망의 늪에 빠졌어요
작은 아버님을 따라 모든 것을 버리고
이 사막 가운데 왔는데
우리의 꿈과 희망은 어디로 갔나요
홍해 바다를 건너게 하신 그 능력과
만나와 물을 주시던 그 신비한 일은
다 무엇이었나요
이스라엘의 힘이 되시고
이스라엘의 왕처럼 되신
거룩한 선지자의 얼굴은

모두 가면이었나요
위대한 하나님의 사람이셨던 그 모습은
모두 가증스런 거짓이었나요

내 마음은 깊은 물속에 잠겼고
내 영혼은 절망의 늪이 잡았어요
내 생각은 사막의 황량한 바람에 쓸려가고
내 기쁨의 노래는 죽어 버렸어요

그 누가 나를 공주로 만들어 줄 수 있나요
이젠 다 끝났어요
절망의 늪에 빠진 내 영혼을 누가 구해 줄 수 있나요

13 (빌랏) 그대여 나에게 오라

오! 상심한 라이
그대여 나에게 오라
내가 그대를 위로해 주리라
나는 그대를 오래 전부터 사랑하며 기다렸노라

오! 사랑스런 라이
그대여 나에게 오라
나는 그대를 남 모르게 지켜보며 사랑했노라

오! 아름다운 라이
그대여 나에게 오라
내가 그대를 공주로 만들어 주고
향기로운 장미 정원을 그대에게 주리라

나는 돈이 많은 부자라서
그대가 원하는 것은 무엇이나 들어 줄 수 있고
꿈과 희망을 금세 이루는 마법사
말보다는 행동으로 내 사랑을 보여 주리라
막연한 믿음보다는 확실한 현실로 내 마음을 나타내리라
제사장의 아내로 볼 품 없이 사는 것보다
갑부의 부인으로 누리며, 즐기며 사는 것이 어떠하랴

오! 가여운 라이
그대여 나에게 오라
내가 그대의 눈물을 씻어 주리라

14 (아론)
겉으로는, 속으로는

겉으로는 모세에게

"왜 그랬어? 잘 하지…"

입으로는 돌아서라 말하지만

속으로는 모세에게
'그래! 너만 최고냐?'
그럴 줄 알았다고 하는 이 마음
저만 하나님의 사람인가
너만 하늘이냐

겸손한 척
착한 척 하는
너와 나는 달라

세상이 다 네 것이냐
사람들이 언제까지 네 말을 듣겠느냐

너의 말로 사람들이 부정하고
너의 명령으로 사람들이 죽어 갔으나
이제 네 자신이 부정하며
이제 네가 죽게 되었음을 알라

내가 겉으로는 너를 책망하나
내가 속으로는 즐기리라

부정한 놈아! 죄를 회개하라
더러운 놈아! 죽을찌니라
결코 용서받지 못하리라
결코 다시 일어서지 못하리라

15 (미리암) 모두가 너를 통해

너를 통해 우리는 구원을 얻었고
너를 통해 우리는 기쁨을 누렸다
모두가 너를 통해 즐거이 노래를 부르고
모두가 너를 통해 춤을 추었다

너를 통해 우리는 바다를 건넜고
너를 통해 우리는 이집트를 나왔다
모두가 너를 통해 메마른 광야에서 살아가며
모두가 너를 통해 죽지 않았다

그러다가 이제는

너를 통해 우리는 저주를 받았고
너를 통해 우리는 눈물을 흘린다
모두가 너를 통해 사망의 길을 거닐며
모두가 너를 통해 욕을 보았다

너를 통해 우리는 아픔을 당하고
너를 통해 우리는 수치를 입었다
모두가 너를 통해 낙망해 넘어지며
모두가 너를 통해 힘을 잃었다

너와 우리는 하늘까지 올라갔다가
너와 우리는 무덤에까지 내려갔다

이 책임을 어찌하려는가
너로 인해 받을 화를 누가 감당하겠는가

어찌하여 너의 뜻대로 행하였는가
어찌하여 너의 맘대로 살았는가

이 쓴맛은 상한 음식을 먹은 듯 하고
이 모욕은 배설물을 얼굴에 바름 같다

백성을 위해 버리고
백성을 위해 내려오라

16 (루시아)
내가 떠나면 되나요

내가 떠나면 모두가 행복해지나요
내가 어두운 구름이었나요
내가 슬픔을 몰고 왔나요
내가 없어지면
다들 마음 편히 살 수 있나요

내 슬픔으로 모두가 기쁘고
내 죽음으로 모두가 살수 있다면
내가 떠나 갈게요
내가 없어질게요

나 하나 사라져서 모두 행복해지면
바람처럼 떠나렵니다

17 (모세)
내가 무릎을 꿇으리다

루시아야! 너는 떠나지 마라! 너는 죄가 없다, 다 내 잘못이지…

나를 책하시오! 내가 죄인이오
나는 위로 받고 싶었소! 나도 안식하고 싶었소
거룩하신 하나님의 명령과 백성의 원망에서
나는 지쳤고 외로웠지만
누구도 내 마음을 몰랐고 나를 붙잡아 주지 못해

이 나이에 무슨 감정이 있을까 나도 몰랐는데

내게도 사랑하는 마음이 생겼소
내가 무슨 말을 하며 무슨 변명을 하겠소

내가 웃었고 내가 좋아했던 것이 잘못이면
그 화를 피하지 않을 것이오
내가 잠시 위로 받고 내 답답한 가슴을 달랜 것이 용서 받지 못할 죄라면
내가 그 저주를 다 당할 것이오

의로우신 주 하나님! 저를 이 사막 가운데서 불사르소서
주께 버림 받음보다 더 큰 슬픔이 무엇이며 이보다 큰 벌이 무엇인지요
내가 받은 수치로 이미 지옥 문턱에 이르렀고 내 영혼이 멸망하였나이다

내가 이집트에서 살인자로 온갖 조롱을 당하며 모든 영광을 버리고 나왔으나
이제 광야에서 동족의 외면과 하나님의 버림을 받으니
이보다 더한 화가 어디 있으며 이보다 큰 저주가 어디 있겠나이까

이 죄인은 용서조차 구할 수 없고
이 버림받은 악한 종은 주의 인자를 구할 수 없나이다
주의 뜻대로 벌하시고 주의 율법대로 종을 멸하소서

내가 악한 자이니 백성 앞에서 엎드리며
내가 죄인이니 그대들 앞에 무릎을 꿇으리다

18 (웃사)
누가 돌을 들어

누가 모세를 정죄하며
누가 저들에게 돌을 던지리요
우리는 아무도 심판하지 못하고
우리가 누구를 벌하리요

하나님만이 심판하시리니
그에 따라 형벌과 용서가 있고
그에 따라 저주와 축복을 받으리라

외로움을 달랜 것이 무슨 죄가 되리요
그럴 수도 있지 않으랴

사람은 다 연약하여 넘어지기 쉽고
무너질 수도 있는 성벽이라

다만 우리 실수를 용서받고
오직 우리 허물을 담당하는
하나님의 어린 양이 필요하도다

누가 우리 죄를 지며
누가 우리 짐을 덜어 주랴

19 (엘르아살) 나를 버린 라이

당신이 나를 버리고
당신의 두 아들도 버리고
당신 집을 버리고 간 라이

그 곱던 머리를
반항이라도 하듯
모두 자르고 가 버린 라이

당신 자신을 버렸네
당신의 영혼을 버렸네

나는 이제 모든 소망을 버리고 싶네
나도 모든 의무와 책임을 등져 버리고
술과 여자로 내 영혼을 망쳐 버리고 싶네

그러나 나의 두 아들
라이가 남기고 간 선물들을
나는 버릴 수가 없네

나를 버린 당신은
당신 자신을 버렸네

20 (빌랏)
다른 세상을 보여 주리라

엘르아살과의 모든 흔적과 모든 미련을
다 끊어 버려라
과거의 가난하고 불행했던 누더기 옷을
다 벗어 버려라

내가 그대를 위하여
다른 세상을 보여 주리라

이제 곧 내 아버지 위대한 고라 선지자께서
새로운 세상을 일으켜 주시리라

이 지겨운 광야를 떠나 이집트나 아말렉으로 이 백성을
데리고 가서
편하게 사는
다른 세상을 보여 주리라

21 (고라)
만세! 때가 왔도다

믿을 수 없는 무능한 지도자 모세
모범이 되지 못하는 문란한 인도자 모세
이제 모세를 버릴 때가 왔도다

그 자신의 추악한 허물을 실토하며
그 더러운 죄악을 인정하지 않았느냐

온 이스라엘이여! 만세를 외쳐라
우리가 저 간악한 모세를 따라
이 광야에서 고생할 게 무엇이냐

이제 만세를 외치며
우리가 일어나자

백성이 얼마나 큰지
백성의 힘이 얼마나 강한지 보여주자
자 손을 들어 모세 일가를 끌어내자

우리를 고생시킨 만큼 아픔을 주고
우리를 욕보인 만큼 저들을 부끄럽게 하며
우리 마음에 상처를 준 만큼
저들 마음에도 같은 슬픔을 안겨주자

나를 따르라
내가 그대들에게 만족을 주리라

22 (아론. 미리암)
백성이 일어났다

너만 하나님의 사람이라고 생각하는 오만을 이제 버리고
겸손히 죽어라

백성이 일어났다
우리는 백성을 못 이긴다

네가 백성을 위해 죽고
네가 우리를 위해 제물이 되라

너의 죄악으로 너는 죽어 마땅하며
너의 허물과 저주를 우리에게 돌리지 말라

23 하나님의 심판

고라와 선동된 무리는 모세를 잡으려고 외치며 아론과 미리암은 모세를 추궁하고 원망할 때 모세는 슬픈 표정으로 침묵합니다
그 아수라장에서 라이는 빌랏의 품에 안겨 나타나자 엘르아살이 자악하며 괴로워합니다
십보라는 냉담한 얼굴로 지켜보고 루시아는 모세 옆에서 엎드린 채 흐느끼고 있습니다
고라와 무리가 모세 일가를 향해 돌을 들고 던지려고 합니다

바로 그 때 땅이 양쪽으로 갈라져 모세 측과 고라 측이

나눠지더니
고라와 무리가 서 있던 땅이 서서히 꺼져 들어갑니다
모두가 놀라고 비명을 지를 때 땅 속으로 들어가는 라이의 안타까운 외침에 엘르아살이
라이를 부르며 소리지릅니다

"내 손을 잡아! 어서!"

라이는 못내 주저하고 고개를 흔듭니다
고라와 무리는 땅에 들어가 산 채로 묻혀 버리고
살아 남은 자들은 크게 슬퍼합니다

그리고 아론과 미리암의 손과 얼굴에 문둥병이 생겨 서로 보며 놀라 비명을 지르고
자신들의 겉옷으로 얼굴을 가리면서 뒷걸음 쳐 사라집니다

모세는 엘르아살을 일으켜 세우고 외칩니다

"온 이스라엘 백성이여! 오늘날 우리가 당한 이 모든 슬

품은 다 내 탓이요! 그러므로
이제 나를 버리시오! 나를 벌하시오!"

백성은 모세 앞에 꿇어 절하며 백성 사이에서 웃사가 나와 외칩니다

"우리가 모세를 버리고 어디로 갑니까? 모세는 진실로 하나님의 사람입니다!
우리 중 누가 모세처럼 온유한 사람이 있습니까? 모세를 따르시오! 그의 말을 들으시오!"

모세는 눈물을 흘리며 말합니다

"이 못난 자를 따라 그대들은 여기까지 왔소! 앞으로도 어떤 고난이 우리를 막고 우리를 괴롭힐지 나는 모르오! 그러나 그대들이 하나님의 명령대로 행하고 약속을 기다리는 믿음을 버리지 않으면 우리는 반드시 젖과 꿀이 흐르는 가나안 땅에 들어갈 것입니다!"

백성은 숙연해 지고 십보라는 루시아에게 다가와 손을

내 밉니다
루시아는 감격에 차서 십보라에게 안겨 웁니다

해가 저물고 다들 처소로 들어가 적막한 밤의 냉기가 흐릅니다

24 (아론) 내가 죄인입니다

모세를 질투한 내가 죄인입니다
형이면서도 동생을 이해하지 못하고
받으면서도 줄 줄 모르고
동생을 돕기보다 동생을 미워하며
동생이 내 주인이라고 괴로워했습니다

가장 거룩한 제사장이
가장 부정한 문둥이가 되었으니
내가 죄인입니다

나를 죽여 주소서
동생을 미워하고
동생을 정죄한 죄는
동생을 죽인 죄이오니
내가 중한 죄인입니다

이런 벌을 당함이 마땅하며
이런 저주를 받음이 당연합니다

25 (미리암) 나를 죽이소서

나를 죽이소서
내가 이렇게 부정한 자로 사느니
차라리 죽는 것이 낫습니다

나를 멸하소서
내가 짐승처럼 되어 서글피 사느니
차라리 지금 죽으렵니다

26 (모세)
저들을 고쳐 주소서

저들을 고쳐 주소서
저들은 나의 어머니 같은
누나와 나의 형입니다

저들은 나의 허물을 책하였으나
모든 것이 나의 죄악입니다

내가 죽어야 하고
내가 저주받을 몸인데
어찌하여 저들이 벌을 받습니까

죄는 이 몸이 짓고
벌은 저들이 당하오니
내 육체는 편해도
내 마음은 그 어느 때 보다
괴롭고 아프오니
저들을 고쳐 주소서
저들을 살려 주소서

저들을 저대로 두시면
내 영혼은 그 신음 소리를 들으며
무덤에까지 내려 갈 것이오니

주여!
주의 인자하심을 나타 내소서
주의 긍휼하심을 내려 주소서

27 하나님의 응답

하나님은 모세의 기도를 들어 주셨고
미리암과 아론의 피부가 건강해졌습니다
그들은 기뻐하며 찬양했습니다

"모세보다 겸손한 사람은 세상에 없다!"

하나님의 응답하심을 듣고
사람들은 움츠리며 부끄러워했습니다

그러나 모세의 얼굴에는
서서히 구름이 드리워집니다
모세는 무리를 떠나 고민합니다

28 (모세)
버리는 아픔

이제 나에게 누구도
아무 말을 못해도
나는 승리함이 아니며
자유와 기쁨이 없도다

누가 뭐라 안 해도
내 마음이 편치 않고
은밀한 죄악이
내 영혼을 덮는
깊은 탄식과 알 수 없는 슬픔에 잠기는도다

갈수록 마음이 무겁고 답답하여
나를 파멸에 던지고 지옥 불에 나를 태우기보다
더 혹독하고 괴로우니 이를 어찌하랴

오! 루시아야!
나의 딸이며
나의 사랑아
너를 내 옆에 두고 싶지만
너와 함께 살고 싶지만
그건 모두의 불행인 것을…

너와 있어도 슬프고
너를 안아도 애처로운데…
너를 떠나보내고 나면
나는 견딜 수가 없겠지

그러나 너를 보내야 하며
너를 버리는 아픔을 생각하면서도
너를 버려야 함은

그 옛날
우리 조상 아브라함이
하갈과 그 아들 이스마엘을 버림 같으니
나를 용서하라

29 (루시아)
떠나가도 슬퍼하지 마세요

내가 떠나는 것을 원하시면 나를 보내세요
나는 떠나가도 슬퍼하지 마세요
당신이
아파하는 것을
슬퍼하는 것을
괴로워하시는 것을 나는 원치 않아요

당신이 나를 버리시면
하나님이 나를 거두시리니
그 하갈과 이스마엘처럼

나를 돌아보시리니
나를 떠나 보내세요

염려 마시고
슬퍼 마시고
나를 버리세요

버리면 찾겠고
죽으면 살리니
지금의 우리 이별은
끝이 아니라
새로운 시작이 될 거예요

30 (게르솜)
다시 버림받은 아사셀

모세는 나의 아버지이며 거친 여장부 십보라는 내 어머니입니다
처음엔 아버지를 나는 이해할 수 없었습니다
어머니와 우리 형제를 배신한 아버지가 미웠고 원망스럽기까지 했지만 그런 아버지의 외로움을 곧 알고부터 아버지와 아버지의 연인 루시아를 인정하게 되었습니다

엘르아살 형님은 큰 실의에 빠져 한 동안 넋을 잃고 살다가 두 아들과 다시 마음을 다 잡아가고 미리암 고모와 아론 큰 아버지도 잠잠히 자신들의 일에 최선을 다

하며 모든 것이 제 자리를 잡아 갈 무렵 아버지는 이른 아침에 루시아를 처소에서 데리고 나왔습니다

"루시아야! 별 수가 없구나, 너를 버려야 하다니…"
"죄송해요! 이렇게 떠나서…"

아버지는 루시아를 가만히 안고 침묵에 잠긴 채 슬픔을 속으로 삭히셨습니다
그리고 아버지는 떨어지지 않는 손을 애써 움직여 작은 꾸러미를 루시아에게 건네 주셨습니다

"이건 물과 떡이다! 금 고리 하나와 겉옷 한 벌 넣었다! 예서 구스는 멀지 않다마는… 그리고 나귀를 타고 가거라!"

루시아는 아무 말 없이 아버지 품에 다시 안기더니 노래를 구슬피 읊조립니다

"사랑하는 이를 버리는 슬픔을 누가 알까요 영원히 잊을 수 없는 우리의 아픔을 주님만 아시리 아무리 좋은

세상 와도 그 슬픔이 잊혀질까요"

루시아는 노래를 부르며 애처로운 눈빛으로 아버지를 보지만 눈물을 참는 듯 합니다
루시아는 슬픈 빛으로 나귀에 오릅니다

드디어 나귀는 걸음을 옮기기 시작하는데 루시아의 눈에서 참았던 눈물이 소리 없이 흘러내리고 흐느끼는 음성으로 말합니다

"사랑해요!"

아버지도 멀어져 가는 루시아를 안타깝게 보면서 외치십니다

"그래! 루시아! 나도 너를 사랑한다!"

어머니는 모든 광경을 장막 사이로 지켜보면서 혼잣말을 합니다

"저리 좋아서, 몸만 떨어진 게지…"

아버지는 루시아가 사라져 버린 뒤로도 계속 그 자리에서 한 곳 만을 보며 속삭입니다

"루시아야! 너는 또 다른 아사셀이였구나! 내가 널 버렸도다!"

누구나 하나를 얻으려면 하나를 잃는 아픔을 겪게 됩니다
아버지는 온 백성을 위해 루시아를 버리는 아픔을 선택한 것입니다

하나님의 오랜 약속 또한 그런 것이었습니다.
아브라함이 그 독생자 이삭을 자신의 품에서
버린 것처럼… 그리고…
모든 사람을 구하고 얻기 위해 사랑하시는 그 아들을 버리시는 하나님의 약속이
그것입니다

"엘리! 엘리! 라마사박다니! 나의 하나님! 나의 하나님! 어찌하여 나를 버리셨나이까!"

세상 죄를 담당하고 모든 이의 버림받은 하나님의 어린 양이 있습니다

버려진 아사셀의 흔적과
예수 그리스도께서 홀로 당하신 사망을 누구도 알지 못하여 버림받은 아사셀의 그 침묵은 아무도 알 수 없는 비밀로 남았습니다

그러나 이삭은 아브라함 칼에 죽지 않았고
예수 그리스도의 빛은 아무리 어두운 사망의 깊은 골짜기라도 뚫고 나갑니다

버려야 하는 아픔!
버림받은 이의 외로움은
앞으로도 계속되겠지만 분명한 사실은
하나님의 손길이 그 속에 있고
하나님의 눈이 그 곳을 살피신다는 것입니다

작가의 한마디

아사셀을 위하여 제비 뽑은 염소는 산대로 여호와 앞에 두었다가 그것으로 속죄하고
아사셀을 위하여 광야로 보낼찌니라 (레16:10)

이튿날 요한이 예수께서 자기에게 나아오심을 보고 가로되 보라 세상 죄를 지고 가는 하나님의 어린 양이로다 (요1:29)

모세가 구스 여자를 취하였더니 그 구스 여자를 취하였으므로 미리암과 아론이 모세를 비방 하니라. (민12:1)

단순한 모세의 스캔들을 부각시키려는 의도가 아니라 각 사람의 마음 속 갈등과 허물을 표현하며 그 모든 죄

악을 담당한 아사셀을 나타내는 것이다

성경 한 절의 내용으로 만든 것이며 엘르아살의 이야기는 근거 없는 구성이고 가명으로는 루시아, 라이, 빌랏, 웃사 등이 있다.